Nastja Holtfreter

Mein erstes Farbenbuch

CARLSEN

Baby pixi

Alles GELB!

die Banane
die Sonne
die Tulpe
die Krone
das Postauto
POST
die Badeente
die Küken

der Stern
der Käse
das Eigelb
der Löwenzahn
die Zitrone
der Gepard
der Eimer
der Sand

Alles ORANGE!

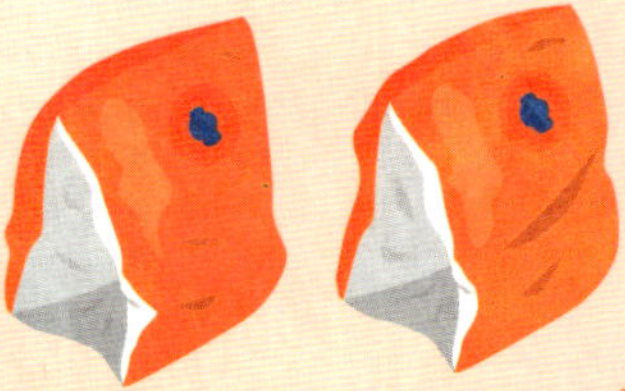

die Schwimmflügel

der Seestern

das Seepferdchen

der Clownfisch

die Orange

der Tiger

der Fuchs

der Kürbis
das Feuer
das Eichhörnchen
das Herbstlaub
die Karotte
der Müllwagen

Alles ROT!

die Tomate
das Feuerwehrauto
die Mohnblume
das Rotkäppchen
die Ampel
die Paprika
die Marmelade

das Herz

der Marienkäfer

die Kirsche

das Rotkehlchen

die Melone

die Zipfelmütze

die Erdbeere

der Apfel

der Leuchtturm

der Fliegenpilz

Alles ROSA und LILA!

die Himbeere

die Aubergine

das Schwein

der Flamingo

die Seerose

die Brombeere

das Törtchen

der Regenwurm
die Rose
der Kakadu
das Erdbeereis
die Qualle
die Prinzessin
das Veilchen
die Weintraube

Alles BLAU!

der Eisvogel
die Blaubeeren
die Kornblume
die Jeans
der Werkzeugkasten
der Wal
der Fisch

POLIZEI
das Polizeiauto
der Schmetterling
der Enzian
der Pfau
der Delfin
der Narwal
der Rochen

Alles GRÜN!
der Kaktus
die Salatgurke
die Erbsenschote
die Erbse
die Kiwi
der Frosch
der Baum
das Kleeblatt
die Schildkröte

das Krokodil
der Außerirdische
die Gießkanne
der Gärtner
der Salat
die Birne
die Raupe
der Dinosaurier

Alles BUNT!

das Eis

die Luftballons
der Papagei
der Ball
der Blumenstrauß
der Hahn

das Einhorn
der Regenbogen
der Clown
die Bonbons
oas
Karussell

Mein erstes Farbenbuch

Zitronengelb, Feuerwehrrot, Blauwalblau und Froschgrün: Die Welt ist voller spannender Farben – welche magst du am liebsten?

Ein erstes kunterbuntes Farbenbuch für kleine Entdecker

Als Baby-Pixi-Bilderbuch gibt es außerdem:

Unkaputtbar®

Neues Material für Kinderbücher · Von unabhängigen, akkreditierten Prüflabors getestet und freigegeben

wasserfest · reißfest · schadstoffgeprüft

Unkaputtbar ist eine eingetragene Marke des Carlsen Verlages.

+12 Monate

carlsen.de

Baby Pixi Band 79

ISBN 978-3-551-05181-3

€ 4,99 [D]

11. Aufl. 26